BEI GRIN MACHT SICH IHR WISSEN BEZAHLT

- Wir veröffentlichen Ihre Hausarbeit, Bachelor- und Masterarbeit

- Ihr eigenes eBook und Buch - weltweit in allen wichtigen Shops

- Verdienen Sie an jedem Verkauf

Jetzt bei www.GRIN.com hochladen und kostenlos publizieren

Thomas Klibengajtis

Sakramentenlehre der Katholischen Kirche
Band 5

Allgemeine Sakramentenlehre der katholischen Kirche

Eine Hinführung zu den Sakramenten der Kirche

GRIN Verlag

Bibliografische Information der Deutschen Nationalbibliothek:

Die Deutsche Bibliothek verzeichnet diese Publikation in der Deutschen Nationalbibliografie; detaillierte bibliografische Daten sind im Internet über http://dnb.d-nb.de/ abrufbar.

Dieses Werk sowie alle darin enthaltenen einzelnen Beiträge und Abbildungen sind urheberrechtlich geschützt. Jede Verwertung, die nicht ausdrücklich vom Urheberrechtsschutz zugelassen ist, bedarf der vorherigen Zustimmung des Verlages. Das gilt insbesondere für Vervielfältigungen, Bearbeitungen, Übersetzungen, Mikroverfilmungen, Auswertungen durch Datenbanken und für die Einspeicherung und Verarbeitung in elektronische Systeme. Alle Rechte, auch die des auszugsweisen Nachdrucks, der fotomechanischen Wiedergabe (einschließlich Mikrokopie) sowie der Auswertung durch Datenbanken oder ähnliche Einrichtungen, vorbehalten.

Impressum:

Copyright © 2008 GRIN Verlag GmbH
Druck und Bindung: Books on Demand GmbH, Norderstedt Germany
ISBN: 978-3-656-15685-7

Dieses Buch bei GRIN:

http://www.grin.com/de/e-book/190855/allgemeine-sakramentenlehre-der-katholischen-kirche

GRIN - Your knowledge has value

Der GRIN Verlag publiziert seit 1998 wissenschaftliche Arbeiten von Studenten, Hochschullehrern und anderen Akademikern als eBook und gedrucktes Buch. Die Verlagswebsite www.grin.com ist die ideale Plattform zur Veröffentlichung von Hausarbeiten, Abschlussarbeiten, wissenschaftlichen Aufsätzen, Dissertationen und Fachbüchern.

Besuchen Sie uns im Internet:

http://www.grin.com/

http://www.facebook.com/grincom

http://www.twitter.com/grin_com

Allgemeine Sakramentenlehre
der katholischen Kirche

Reader zu Vorlesungen
gehalten im SoS 2008 an der TU Dresden
(Fachbuch)

von
Dr. Thomas Klibengajtis

Inhaltsverzeichnis

1. Was ist ein Sakrament? — 3
   a. Die Wortbedeutung von Sakrament — 3
   b. Die Sachbedeutung von Sakrament — 4
2. Sinn der Sakramente. Warum brauchen wir sie? — 4
   a. Die anthropologische Basis der Sakramente — 4
   b. Die christologische Basis der Sakramente — 7
   c. Die ekklesiologische Basis der Sakramente — 8
3. Struktur der Sakramente — 8
   a. *Signum* — 8
   b. *Materia* und *forma* — 9
4. Wirkungen der Sakramente — 9
   a. Heiligung des Menschen und Christusförmigkeit — 9
   b. Spezielle sakramentale Gnade — 10
   c. Der sakramentale Charakter und *character indelebilis* — 11
   d. Die objektive Wirksamkeit der Sakramente (*ex opere operato*) — 13
5. Ursprung, Zahl und Ordnung der Sakramente — 14
   a. Ursprung der Sakramente. Einsetzung durch Christus — 14
   b. Zahl der Sakramente. Begründung der Siebenzahl der Sakramente — 15
   c. Ordnung der Sakramente — 17
6. Spender und Empfänger der Sakramente — 18
   a. Spender der Sakramente — 18
   b. Empfänger der Sakramente — 19
7. Sakramentalien — 21
8. Protestantische Sicht der Sakramente — 22
   a. Fundamente der protestantischen Sakramentenlehre: — 22
      i. Anthropologie — 22
      ii. Rechtfertigungslehre — 23
      iii. *Sola fides, sola gratia* und *sola Scriptura* — 25
   b. Sakramentenlehre Luthers — 26
   c. Sakramentenlehre Calvins und Zwinglis — 27
      i. Ansichten Calvins — 27
      ii. Ansichten Zwinglis — 28

1. Was ist ein Sakrament?

a. Die Wortbedeutung des Sakraments

- Obwohl die Heilige Schrift an mehreren Stellen von Heilsriten, die wir heute als Sakramente kennen, spricht, benutzt sie das Wort „Sakrament" nicht.

- Im Kontext der Ehe (Eph 5,32) wird der Terminus μυστήριον [mysterium] verwendet, welches als „Glaubensgeheimnis" zwischen Christus und Kirche gedeutet wird. Bei Paulus meint dieses Wort die verborgene Ökonomie Gottes, die vor allem im Heilswerk Christi offenbar geworden ist.

- In diesem Sinne wird *mysterium* von den Apostolischen Vätern (IGNATIUS VON ANTIOCHIEN †ca. 110) verwendet, doch schon seit dem 3 Jhd. bezeichnet μυστήριον in der Ostkirche (KLEMENS VON ALEXANDRIEN †215, ORIGENES †253) die heiligen Lehren und Dienste, heilige Sachen und Riten der Kirche und damit auch Sakramente (KYRILL VON JERUSALEM †387, PS.-DIONYSIUS AREOPAGITA VI. Jhd).

- Das griechische μυστήριον wird in den ältesten lateinischen Übersetzungen (Itala) mit *sacramentum* wiedergegeben, welches für Initialriten und Mysterienfeier der Götter, Opfer, und Zeichen im Kult, sowie für Glaube und Glaubenslehre stand.

- TERTULLIAN (†230), welcher maßgeblich die lateinische Kirchensprache mitgeprägt hatte, verwendet das Wort *sacramentum* für die „Eidesformel" (Fahneneid in der militärischen Sprache) und für eine beim Vertrag hinterlegte Geldsumme „Bürgschaft". Dieses Verständnis von *sacramentum* hat Tertullians Tauftheologie geprägt, in welcher er die Taufe als das Taufgelöbnis interpretiert.[1]

---

[1] Nach AUER Johann, *Das Mysterium der Eucharistie* in: *Kleine katholische Dogmatik* (KkD), Bd. VI, Regensburg 1980, S. 24-25; vgl. COURTH Franz, *Die Sakramente. Ein Lehrbuch für Studium und Praxis der Theologie*, Herder 1995, S. 25-28; SCHNEIDER Theodor, *Zeichen der Nähe Gottes. Grundriss der Sakramententheologie*, Mainz 1984[4], S. 34-35.

b. Die Sachbedeutung von Sakrament

Sakrament ist ein
(1) sinnlich wahrnehmbares Geschehen,
(2) das von Christus (2a) direkt oder (2b) indirekt eingesetzt wurde,
(3) um die von ihm verdienten Heilsgnaden zu bezeichnen und zu enthalten
(4) und sie den Menschen durch Menschen im Pilgerstand
(5) im Vollzug des Sakramentes durch (5a) Spender und (5b) Empfänger zu vermitteln.[2]

Kurzbezeichnung des Sakraments: ein wirksames Zeichen der Gnade.

2. Sinn der Sakramente. Warum brauchen wir sie?

1. Weil der Mensch eine „sakramentale", von der Erbsünde geschwächte, Grundkonstitution besitzt – die **Anthropologische Basis** der Sakramente.

2. Weil Christus das „Ursakrament" ist – die **Christologische Struktur** der Sakramente.

3. Weil die Kirche ein „Sakrament" ist – die **Ekklesiologische Struktur** der Sakramente.

Ad (1). Die Anthropologische Basis der Sakramente

1) Da der Mensch aus **Leib und Seele** besteht, kann er seine inneren Zustände, psychischer intellektueller oder geistigen Art, nur mit Hilfe von etwas „Leibhaftigem", d.h. Materiellen kommunizieren (Sprache, Briefe, Blumen, Kuss, Händedruck etc.). Der Leib des Menschen somit selbst ist ein „**Realsymbol**".[3]

a) Der Mensch besitzt demnach eine „**symbolische Grundstruktur**":

---

[2] AUER, S. 27.
[3] SCHNEIDER, S. 24-26.

i) Unter „Symbol" wird hier das Griechische σύμβολον verstanden,[4] welches ein Erkennungszeichen bezeichnet, welches eine innere Verpflichtung, einen Vertrag, eine bestimmte Weise der Begegnung und Gemeinschaft enthält, darstellt und aktualisiert.[5]

> „Unter Freunden, Gastfreunden, Geschäftsteilhabern oder Kaufleuten war es Sitte, bevor man sich trennte, irgendeinen Gegenstand, eine Spielmarke, ein Siegel, ein Täfelchen, ein Knöchelchen, ein Geldstück, in zwei Hälften zu teilen, von denen jeder Partner eine ans sich nahm, als Zeichen, an dem na sich wiedererkennen sollte, oder um einen Boten auszuweisen, oder eventuell die aus einer früheren Begegnung stammenden Rechte geltend zu machen."[6]

ii) Jedes Symbol besitzt demnach den Verweis und Bezug auf eine andere innerweltliche oder, im Falle der Religion, eine geistige Wirklichkeit. Dieser Bezug wird, in der Liturgie, beispielsweise in der ersten Weihnachtspräfation erwähnt:

> „In der sichtbaren Gestalt des Erlösers lässt du uns den unsichtbaren Gott erkennen, um in uns die Liebe zu entflammen zu dem, was kein Auge geschaut hat."[7]

b) Im Leben des Menschen gibt es auch **„Natursakramente"**, d.h. Ritualisierungen, religiöse oder weltliche Deutungen der vier „Knotenpunkte des Lebens", das ist: der Geburt, des Todes, der geschlechtliche Gemeinschaft und der Mahlzeit.[8]

i) Daher können wir durchaus auch im vorchristlichen und außerchristlichen Kontext von **Sakramentanalogien** sprechen.[9] Dazu zählen:

(1) AT:
  (a) Beschneidung,
  (b) Essen des Osterlammes (Ex 12,26),
  (c) Verschiede Reinigungs- und Sühneriten (Lv 12 f., Num 19 f.)
  (d) Weiheriten für Priester (Ex 29, Lv 8)

---

[4] PAPE Wilhelm, *Handwörterbuch der Griechischen Sprache*, Bd. 2, S. 979.
[5] SCHNEIDER, S. 22-23.
[6] LUBAC DE Henri, *Credo*, Einsiedeln: Johannes 1975, S. 276.
[7] Schott-Messbuch online: http://www.thehomepagefactory.de/kantill/weihnachtpI03.htm
[8] SCHNEIDER, S. 26-27; vgl. RATZINGER Joseph, *Die sakramentale Begründung christlicher Existenz*, Meitingen [3] 1970, S. 9.
[9] AUER, Bd. VI, S. 32-37.

(2) Judaismus:
 (a) Beschneidung,
 (b) Baar Mizwa.

(3) Heidnischen Mysterien:
 (a) Eleusis,
 (b) Isis und Osiris,
 (c) Mithras.

(4) DDR:
 (a) Jugendweihe.

2) Wir brauchen die Sakramente als göttliche Hilfe, weil jeder Mensch, der auf die Welt kommt, der **Erbsünde** unterliegt, welche eine ständige Neigung darstellt sich von Gott abzuwenden, dem Bösen zu verfallen und somit das Gute entweder gar nicht oder nur mit Mühe zu vollbringen.

a) Aus der Erbsünde resultiert die **sündige Natur des Menschen**, welche sich in aktuellen (d.h. den aktuell begangenen, z.b. jemanden zu schlagen) und habituellen (d.h. den im Menschen „einwohnenden", z.b. gegen jemanden Groll zu hegen) Sünden manifestiert.

b) Der Mensch ist daher nicht fähig aus sich selbst heraus wirklich gut zu sein und am göttlichen Leben teilzunehmen. Er ist somit auf die göttliche **Gnade** angewiesen, die eine unverdiente, von Gott ausgehende Gabe darstellt, welche den Menschen zum Guten und zum göttlichen Leben befähigt.

c) Die Gnade wird sicher und zuverlässig **durch die Sakramente** vermittelt, falls der Empfänger der Sakramente alle Voraussetzungen zu deren Empfang erfüllt. Daher sprechen wir von den „Sakramenten der Gnade" und der „sakramentalen Gnade".

Ad (2). Die Christologische Struktur der Sakramente

1) Durch die **Menschwerdung** Christi hatte sich Gott endgültig und unwiderruflich mit seiner Kreatur verbunden. Obwohl die Erschaffung der Welt durch den Logos, den Sohn Gottes vor der Menschwerdung („durch Ihn, mit Ihm und in Ihm") stattgefunden hatte, welcher auch in seiner Schöpfung durch die *creatio continua* anwesend ist, so ist Gott erst durch die Inkarnation Gott tatsächlich „einer von uns" geworden.

> Joh 1,3 „Alles ist durch das Wort [Logos=Christus] geworden, und ohne das Wort wurde nichts, was geworden ist."
>
> Kol 1,16 „Denn in ihm [Logos=Christus] wurde alles erschaffen im Himmel und auf Erden, das Sichtbare und das Unsichtbare, Throne und Herrschaften, Mächte und Gewalten; alles ist durch ihn und auf ihn hin geschaffen."
>
> Röm 11,36 „Denn aus ihm und durch ihn und auf ihn hin ist die ganze Schöpfung."

2) Weil Christus ein „Zeichen", eine Veranschaulichung der Gegenwart Gottes war und es immer noch ist, so kann er als das „Sakrament Gottes" bezeichnet werden.[10]

> J 14,9 „Wer mich gesehen hat, hat den Vater gesehen."
>
> J 12,45 „[...] wer mich sieht, sieht den, der mich gesandt hat."

  i. Diese Bezeichnung Jesu Christi geht auf die neutestamentliche Theologie des μυστήριον zurück. Christus ist das μυστήριον Gottes und daher nennen ihn viele Kirchenväter das *mysterium Dei*.

  ii. Daher kann man Jesus Christus auch als das *sacramentum Dei* bezeichnen, was THOMAS VON AQUIN auch ausdrücklich tut, indem er schreibt:

> „Jesus Christus ist das fundamentale Sakrament, insofern seine menschliche Natur als Instrument der Gottheit das Heil wirkt".[11]

---

[10] SCHNEIDER, S. 36-41; VORGRIMLER Herbert, *Sakramententheologie*, Düsseldorf 1992³, S. 44-47; vgl. WAGNER Harald, *Dogmatik*, Stuttgart 2003, S. 285-287; COURTH, S. 11-16.
[11] THOMAS VON AQUIN, *Summa contra Gentiles* IV a.41.

Ad (3). Die Ekklesiologische Struktur der Sakramente

1) Jesus Christus hat die Fülle seiner heilswirkenden Gnade **seiner Kirche** hinterlassen, welche sein mystischer Leib ist (1 Kor 12, 12-31) und von seinem Heiligen Geist beseelt wird.

2) Da Gott in Jesus Christus Fleisch geworden ist, können wir sagen, dass die Gnade Christi in der Kirche inkarniert, welche die fleischgewordene Gnaden- und Heilsgemeinschaft darstellt.

3) Daher kann sich die **Kirche Christi** selbst das **Sakrament** nennen, was sie in der Kirchenkonstitution *Lumen gentium* auch tut:

> „Die Kirche ist ja in Christus gleichsam das Sakrament, das heißt *Zeichen und Werkzeug* für die innigste Vereinigung mit Gott wie für die Einheit der ganzen Menschheit". (Lumen gentium 1)

4) Wenn wir von den Sakramenten der Kirche sprechen, so meinen wir damit, dass diese von der Kirche ausgehen, in ihr verwirklicht werden und auf die Kirche hinordnen. Da Sakramente der Heiligung der einzelnen Kirchenmitglieder dienen, so können wir sagen, dass die Heiligkeit der Kirche von der Heiligung ihrer Glieder abhängt, welche umso heiliger werden, je mehr sie sich der sakramentalen Gnade öffnen.

3. Die Struktur der Sakramente

1. Signum

1) Ein Sakrament ist ein „wirksames Zeichen (*signum*) der Gnade". Daher braucht es etwas (1) wodurch es, auf etwas anderes (2) hinzeigt oder hindeutet. Schon recht früh wurde zwischen dem **sachlichen Element** *(elementum)* und dem **geistigen Wort** *(verbum)* unterschieden[12]:

> „Der gemischte Kelch und das gebrochene Brot vernimmt das Wort Gottes und wird zur Eucharistie des Leibes und Blutes Christi" (IRENÄUS, Adv. Haer. V 2,3: PG 7, 1125)

---

[12] AUER, S. 46. Zur Struktur der Sakramente vgl. SCHNEIDER, S. 54-59; COURTH, S. 52-62; WAGNER, S. 293-300.

2. *Materia* und *forma*

2) Im Mittelalter wurde, dem aristotelischen Hyle-Morphismus folgend, das *elementum,* d.h. das, woraus ein Sakrament „materiell" besteht (Brot, Wein, Wasser etc.) als ***materia****,* das Wort, hingegen, als *forma* bezeichnet. In diesem Sinne spricht auch der CATECHISMUS ROMANUS des Konzils von Trient[13]:

„Haec igitur (materia et forma) sunt partes, quae ad naturam et substantiam sacramentorum pertinent et ex quibus unumquodque sacramentum necessario constituitur".

3) Bei manchen Sakramenten (Taufe, Firmung und Krankenölung) ist nicht nur das materielle Element, sondern auch die damit verbundene menschliche Handlung wesentlich ist. Bei anderen, hingegen, scheint kein materielles Element, sondern nur eine menschliche Handlung (Buße, Weihe, Ehe) vorzuliegen. Daher führte man, um besserer Unterscheidung willen, seit DUNS SCOTUS die Unterscheidung zwischen der *materia remota* (elementum) und *materia proxima* (menschliche Handlung) ein.

4) Da das Sakrament ein Zeichen ist, so bilden das materiale Element, die menschliche Handlung und das menschlich-geistige Wort eine *moralische Einheit.* Das Wort als *forma sacramentis* spielt dabei eine Rolle, welche nicht nur in der Belehrung oder Verkündigung, sondern auch in der Heiligung und der Konsekration besteht.[14]

4. Die Wirkungen der Sakramente

a. Heiligung des Menschen und Christusförmigkeit

1) Die Sakramente als „wirksame Gnadenzeichen" dienen der Heiligung der Menschen.[15] Durch die ntl. Sakramente "fängt jede wahre Gerechtigkeit an, die angefangene Gerechtigkeit wird vermehrt, die verlorene wiederhergestellt" (*omnis vera iustitia vel incipit, vel coepta augetur, vel amiisa reparatur*)."[16]

---

[13] AUER, S. 47.
[14] AUER, S. 48.
[15] AUER, S. 54-55.
[16] DENZINGER (=D) 843a, vgl. 847-850 – DENZINGER-SCHÖNMETZER (= DS) 1600, 1606-1607. Unter D, DS und NR sind verschiedene Urkunden der Lehrverkündigung der katholischen Kirche gemeint. Die Abkürzung D meint DENZINGER Heinrich, *Enchiridion Symbolorum, Definitionum et Declarationum de rebus fidei et morum,*

LITURGIEKONSTITUTION DES 2. VATIKANUMS: „Die Sakramente sind hingeordnet auf die *Heiligung des Menschen,* den *Aufbau des Leibes Christi* und schließlich auf die *Gott geschuldete Verehrung*; als Zeichen haben sie auch die Aufgabe der *Unterweisung*. Den *Glauben* setzen sie nicht nur voraus, sondern durch Wort und Ding nähren sie ihn auch, stärken ihn und zeigen ihn an; deshalb heißen sie Sakramente des Glaubens. Sie verleihen Gnade, aber ihre Feier befähigt auch die Gläubigen in hohem Maße, diese Gnade mit Frucht zu empfangen, Gott recht zu verehren und die Liebe zu üben" (Art. 59).

„Die Wirkungen der Liturgie der Sakramente und Sakramentalien ist also diese: Wenn die Gläubigen recht bereitet sind, wird ihnen nahezu jedes Ereignis ihres Lebens geheiligt durch die göttliche Gnade, die ausströmt vom Pascha-Mysterium des Leidens, des Todes und der Auferstehung Christi, aus dem alle Sakramente und Sakramentalien ihre Kraft ableiten. Auch bewirken sie, dass es kaum einen rechten Gebrauch der materiellen Dinge gibt, der nicht aus das Ziel ausgerichtet werden kann, den Menschen zu heiligen und Gott zu loben" (Art. 61).

2) Durch die Sakramente wird der Mensch in das Christusmysterium eingefügt, indem er den mystischen Zugang zu allen Ereignissen und Gnaden des Lebens Christi erhält und somit ein *alter Christus* – „ein anderer Christus" werden kann.

a) Schon Thomas von Aquin (†1274), der die Sakramente als **Instrumentalursachen der Gnade** auffasst, verweist darauf, dass alle Sakramente ihre **Gnadenwirkung aus dem Erlöserleiden Christi** schöpfen:

„Die primäre Wirkursache der Gnade ist Gott selbst, zu dem sich die menschliche Natur Christi wie ein damit verbundenes Instrument (hypostatische Union in Christus), das Sakrament aber wie ein davon getrenntes (selbständiges) Instrument verhält. Darum ziemt es sich, dass die Heilskraft von der Gottheit Christi durch seine Menschheit in eben die Sakramente überströmt".[17]

b) Durch die Sakramente werden wir christusförmig:

„Per omnia sacramenta ecclesiae homo Christo conformatur".[18]

b. Spezielle sakramentale Gnade

1) Durch die Sakramente wird die heiligmachende Gnade geschenkt oder vermehrt. Durch die Taufe und die Buße wird dem Menschen das „Tor ins Reich Gottes" geöffnet oder wiedereröffnet. Daher heißen diese beiden Sakramente **Sakramente der Toten** (der noch

---

Freiburg i. Br. 1957[37]. DS ist DENZINGER Heinrich- SCHÖNMETZER Adolf, *Enchiridion Symbolorum, Definitionum et Declarationum der rebus fidei et morum*, Freiburg i. Br. 1964[32], 1965[33], 1967[34]; NR bedeutet NEUNER Josef –ROOS Heinrich, *Der Glaube der Kirche in den Urkunden der Lehrverkündigung*, Hrsg. Von K. Rahner u. K. W. Weger, Regensburg 1971. D, DS sind auf lateinisch verfasst, NR auf Deutsch und enthält eine Auswahl der wichtigsten Lehraussagen. Da in der von mir benutzten Literatur alle drei Bücher benutzt werden, gebe ich sie auch so wieder.
[17] THOMAS VON AQUIN, *Summa Theologiae* III q 62 a 5 c.
[18] THOMAS VON AQUIN, *Summa Theologiae*, III q 72 a 1 ad 4.

im Tode der Sünde Lebenden), während die übrigen Sakramente, welche den Gnadenstand voraussetzen, **Sakramente der Lebendigen** heißen.[19]

2) Da Christus verschiedene Sakramente, als verschiedene Zeichen für verschiedene Lebenssituationen eingesetzt hat, wohnt in jedem Sakrament eine ihm eigentümliche, **sakramentale Gnade** (D 845-DS 1602) inne. Die einzelnen Sakramente sind daher weder miteinander identisch, noch ist ein Sakrament durch ein anderes zu ersetzen. Vielmehr ergänzen sie einander und bauen aufeinander auf.[20]

3) Die Wirkung der verschiedenen Sakramente sieht wie folgt aus:

   a. Die *hl. Eucharistie* nimmt als Opfer und Stärkung in der Kirche einen besonderen Platz ein.
   b. *Taufe* und *Firmung* dienen, in je ihrer Weise, dem geistlichen, übernatürlichen Leben des Menschen.
   c. *Buße* und *Krankenölung* sind als Heilmittel gegen die Sünde für den gesunden und kranken Menschen gegeben.
   d. *Priesterweihe* und *Ehe* sind für die übernatürlichen und natürlichen soziologischen Verhältnisse der Kirche von Christus geschenkt.

4) Dennoch ist Gott durch nichts einzuschränken und daher hat auch Christus seine Gnade nicht an die Sakramente gebunden (vgl. Ap 10, 1-48, bes. 44-47).[21]

„Ad excellentiam potestatis Christi pertinet quod ipse potuit effectum sacramentorum sine exteriori sacramento conferre."[22]

c. Der sakramentale Charakter und *character indelebilis*

1) Nach Eph 1,13; 4,30; 2 Kor 1,22 spricht die Kirche von der „Besiegelung der Getauften", woraus sich im 4 Jhd. die Lehre vom sakramentalen *Charakter* herausbildete.[23]

---

[19] AUER, S. 55-56.
[20] AUER, S. 56-57.
[21] Ebd.
[22] THOMAS VON AQUIN, *S. Th.* III q 64, vgl. PETRUS LOMBARDUS, *Sent.* IV d 1 c 5.
[23] Der ganze Abschnitt nach AUER, S. 73.

„Gott aber, der uns und euch in der Treue zu Christus festigt und der uns alle gesalbt hat, er ist es auch, der uns sein Siegel (σφραγίς) aufgedrückt und als ersten Anteil (am verheißenen Heil) den Geist in unser Herz gegeben hat". (2 Kor 1,21-22)

„Der Hl. Geist prägt mit Öl seinen Schafen sein Zeichen ein. Wie der Sigelring dem Wachs sein Siegelbild eindrückt, so wird das Geheimzeichen des Geistes durch das Öl den Personen eingeprägt, wenn sie in der Taufe gesalbt und dabei gezeichnet werden" (EPHRÄM DER SYRER †373, De virg. Maria IV 9: CSCO 224, 26).

„Wie nämlich den Soldaten ein Kennmal, so wird den Gläubigen der Hl. Geist aufgeprägt" (JOHANNES CHRYSOSTOMUS † 407, In 2 Kor Hom. 3,7: PG 61, 418).

a. Nach der kirchlichen Lehre prägen *Taufe, Firmung und Priesterweihe* der Seele des Empfängers ein *unauslöschliches Merkmal (character indelebilis)* ein. Es ist:

- von der heiligmachenden Gnade verschieden und irgendwie abtrennbar,
- unverlierbar und auch in der Seele des Sünders enthalten,
- der innere Grund für die Unwiederholbarkeit der drei Sakramente,
- der Garant des Auflebens der sakramentalen Gnade, wenn das Hindernis (*obex*) weggeräumt ist, welches bei gültigem Empfang des Sakramentes die Gnadenwirkung verhindert hat.

b. Nur diesen drei Sakramenten wurde in der Tradition die Wirkung des Charakter zugeschrieben,[24] weil

- sie einen besonderen Bezug zu dem Dreieinigen Gott darstellen:

    1. die Taufe macht uns zum Kind des Vaters,
    2. die Firmung zum Tempel des Hl. Geistes,
    3. die Priesterweihe zu Christus als dem Gesandten des Vaters und dem Heiland der Welt.

- sie die drei Ämter in Christus verähnlichen:

    1. die Taufe gibt Anteil am neuen Priestertum Christi,
    2. die Firmung befähigt und verpflichtet zum Lehramt Christi,
    3. die Priesterweihe gibt Anteil am gottmenschlichen Hirten- und Königsamt Christi.

---

[24] Ebd., S. 74-75.

d. Die objektive Wirksamkeit der Sakramente (*ex opere operato*)

1. Die katholische Lehre von der objektiven Wirksamkeit der Sakramente besagt, dass die heiligende und gnadenbringende Wirkung der Sakramente nicht davon abhängt, ob ihr Spender würdig ist oder ihr Empfänger über die hundertprozentige moralische und intellektuelle Vorbereitung zu ihrem Empfang verfügt. Die Sakramente **sind wirksam *ex opere operato* – „kraft des vollzogenen Ritus"**.[25]

2. Den theologischen Hintergrund dieser Lehre bildet die Ansicht, dass zwischen Mensch und Gott ein *Schöpfer-Geschöpf-Verhältnis* vorliegt.

    a. Dieser Auffassung zufolge ist Gott alles, d.h. er verfügt über die Fülle des Seins, der Vollkommenheit und der Vollmacht, der Mensch, hingegen, ist nur fähig sich Gott zu schenken (*potentia oboedientialis*) und stellt demzufolge keinen ebenbürtigen „Verhandlungspartner Gottes".

    b. Gott der Schöpfer wirkt im Menschen die Gnade und gibt durch Sakramente, welche durch Christus geschenkt wurden, den Menschen die Kraft diese Gnade zu erhalten, zu bewirken und zu vermitteln. Dieser Weg über das sichtbare Zeichen des Sakraments ist Gottes Heilsplan (*potentia ordinata*), welcher durch Christus begonnen und in der Kirche verwirklicht wird.

    c. Gott hätte auch einen anderen Weg (*potentia absoluta*), ohne das äußere sinnliche Zeichen, wählen können und manchmal wählt er es auch, weil er durch nichts, auch nicht durch die Sakramente, in seiner Wirkung gebunden ist.

3. In der Hl. Schrift finden wir Worte, welche im Kontext der Taufe (Tit 3,5; Joh 3,5) und der Eucharistie (Joh 6,48-58; Mk 14,23-25) von einer objektiven und realen Wirkung der Sakramente ausgehen. Ebenfalls als objektiv und real-wirksam wird die Wirkung der Sakramente von den Kirchenvätern gesehen. Schon seit dem 2 Jhd. bürgt die vielfach gespendete Kindertaufe und die Aufbewahrung der heiligen Gestalten für die

---

[25] AUER, S. 76-79; vgl. SCHNEIDER, S. 63-66; WAGNER, S. 297.

Krankenkommunion für den Glauben der Kirche an die objektive und reale Wirksamkeit der Sakramente.

> DAS KONZIL VON TRIENT lehrt: „Wenn jemand sagt: die Sakramente des Neuen Gesetzes fassen nicht die Gnade in sich, die sie bezeichnen (non contingere gratiam, quam significant), oder es wir diese Gnade denen nicht verliehen, welche sich gegen dieselbe nicht verschließen (non ponentibus obicem non conferre), als ob sie nur äußere Zeichen der durch den Glauben empfangenen Gnade oder Gerechtigkeit wären [Luther, Calvin] und gewisse Merkmale des christlichen Bekenntnisses, durch welche vor den Menschen die Gläubigen von den Ungläubigen sich unterscheiden [Zwingli], der sei ausgeschlossen". (D 849 – DS 1606 – vgl. NR 511)
>
> „Wer sagt, durch die Sakramente des Neuen Bundes werde die Gnade nicht kraft des vollzogenen Ritus (ex opere operato) mitgeteilt ... der sei ausgeschlossen". (NR 513; DS 1608)

4. Im Mittelalter fing man an mit dem Begriffspaar *ex opere operato – ex opere operantis* „kraft des vollziehenden Spenders" zu operieren. Den geschichtlichen Hintergrund dazu bildete die Frage, ob Sakramente, welche von simonistischen oder im Konkubinat lebenden Priestern und Bischöfen gespendete wurden, wirksam und gültig sind. Diese Frage wurde bejahend beantwortet, weil davon auszugehen ist, dass die Gnade immer durch sündige Menschen vermittelt wird oder wurde und als solche auch in sündigen Menschen wirken muss. Würde man davon ausgehen, dass nur heilige Menschen heiligmachende Sakramente spenden dürfen, so würde man diese von der Heiligkeit des Spenders und nicht von Gott abhängig machen. Dieser Ansicht zufolge dürften zu manchen Zeiten und mancherorts gar keine Sakramente gespendet dürfen, was viele Menschen der sakramentalen Gnade berauben würde und somit den Sinn der Sakramente als solcher pervertieren würde.

5. Ursprung, Zahl und Ordnung der Sakramente

a. Ursprung der Sakramente. Einsetzung durch Christus

1. Nach der katholischen Lehre wurden alle sieben Sakramente vom Jesus Christus, welcher als der historische Jesus von Nazareth, der verklärte Herr beim Vater, als der erste Liturge der Kirche und als das mystische Haupt des mystischen Leibes verstanden wird, direkt oder indirekt eingesetzt. [26]

---

[26] Nach AUER, S. 83-87; vgl. SCHNEIDER, S. 59-63; WAGNER, S. 282-284; VORGRIMLER, S. 92-93.

„Wenn jemand sagt, die Sakramente des neuen Gesetzes seien nicht alle von unserem Herrn Jesus Christus eingesetzt, der sei ausgeschlossen". (D 844 – DS 1601; NR 506)

„Die Behauptung, die Sakramente seien dadurch entstanden, dass die Apostel und ihre Nachfolger eine Idee oder Absicht Jesu so deuteten, wie es ihnen die Umstände und Ereignisse ratsam erschienen ließen oder aufdrängten, ist irrig". (D 2039 – DS 3439 f.)

2. Nach der Hl. Schrift sind die Sakramente der Taufe (Mt 28,19), der Eucharistie (Lk 22,19) und der Buße (Joh 20,23) direkt von Christus eingesetzt worden. Die übrigen Sakramente entstammen einer apostolischen Überlieferung, die wiederum auf Christus zurückgeht und bei welcher sich die Apostel als „Diener Christi und Verwalter der Geheimnisse Gottes" (1 Kor 4,1) verstanden. Die Einsetzung der übrigen Sakramente durch Christus lässt sich wie folgt biblisch belegen: Firmung Apg 8,17 und 19,6, Krankenölung Jak 5,14 ff., Weihe 2 Tim 1,6 und 2,2, Ehe Eph 5,5 und Mt 19,3-9.

3. Die Kirche, als der mystische Leib Jesu Christi, der vom Hl. Geist beseelt und geleitet wird, verstanden, behält sich das Recht die verschiedenen, sakramentalen Riten beizubehalten oder neu zu bestimmen. Dabei muss allerdings das Wesen der Sakramente, ihre Materie und Form unberührt bleiben.

b. Zahl der Sakramente. Begründung der Siebenzahl der Sakramente

1. Als im 12 Jhd. die sog. Sentenzenwerke, die ersten Dogmatiken der Westkirche, entstanden, begann man die Siebenzahl der Sakramente (Taufe, Firmung, Buße, Eucharistie, Krankenölung, Weihe, Ehe), wie sie in der Tradition der Kirche gegebenen war, mit ihren verschiedenen Heilsdiensten der Sakramente zu begründen.[27]

> ALEXANDER VON HALES (†1245) schreibt in seiner Glosse zu 2 Kg 5,10: „Wasche dich siebenmal im Jordan, und du wirst Gesundheit des Leibes und Reinheit erlangen" folgendermaßen: „Gegenüber der siebenfachen infectio durch die verschiedenen Arten von Sünden haben die Sakramente folgende Aufgabe: Taufe ist medicina curatoria, Firmung medicina conservativa, Weihe medicina meliorativa, Ehe medicina praeservativa, Krankenölung medicina mitigativa, Eucharistie medicina conservativa, meliorativa et confortativa". (Bibl. Franc. Scholast. 15, Quaracchi 1957, 40)

2. Ferner begründete man die Siebenzahl mit den vier Kardinaltugenden und den drei theologischen Tugenden: die Taufe dient dem Glauben, die Firmung der Tapferkeit, die Eucharistie der Liebe, die Buße der Gerechtigkeit, die Ehe der Mäßigkeit, die Weihe der

---

[27] Nach AUER, S. 87-92; SCHNEIDER, S. 49-54; COURTH, S. 29-35; VORGRIMLER, S. 94-95.

Klugheit, die Krankensalbung der Hoffnung. In der Ostkirche wurde die Siebenzahl mit den sieben Sternen (Off 1,16), den sieben Leuchter vor Gott (Off 1,13), den sieben Säulen im Tempel der Weisheit (Spr 9,1-3) und vor allem mit den sieben Gaben des Hl. Geistes (Is 11,2) begründet. In der neueren Zeit wurden die sieben Gemeindebriefe der Offenbarung (Kap. 2-3) [H. Schell, Dogm. III-1 (1892) 436] oder die sieben Vaterunserbitten auf die sieben Sakramente hin ausgelegt.

3. Eine gute Begründung der Siebenzahl der Sakramente findet sich bei THOMAS VON AQUIN, welcher sie auf die verschiedenen Lebenssituationen des Menschen bezieht:

„Die Sakramente der sind auf einen doppelten Zweck hingeordnet; nämlich um den Menschen in dem zu vervollkommnen, was zu Gottes Dienst gehört im Sinne der christlichen Religion, und dann zum Heilmittel gegen den Schaden der Sünde. Unter beiden Gesichtspunkten aber ist es angemessen, dass es sieben Sakramente gibt. Das geistliche Leben weiset nämlich eine gewissen Übereinstimmung auch mit dem körperlichen auf [...]. Im körperlichen Leben nun wird der Mensch auf zweifache Weise vervollkommnet: In bezug auf die eigene Person und dann in seinem Verhältnis zum Ganzen der menschlichen Gemeinschaft, in der er lebt [...]. In bezug auf sich selbst wird er auf zweifache Weise vervollkommnet: einmal an sich dadurch, dass er eine gewisse Vollkommenheit des Lebens erlangt; dann dadurch, dass er die Hemmungen des Lebens ausräumt, wie Krankheiten u. ä. An sich aber wird das körperliche leben in dreifacher Weise vollkommen gemacht: 1. Durch die Zeugung, durch die der Mensch zu sein und zu leben anfängt. An Stelle dessen steht im geistlichen Leben die Taufe, die eine geistliche Wiedergeburt ist (Tit 3,5). 2. Durch das Wachstum, wodurch der Mensch zu vollkommenen Größe und Kraft geführt wird. An Stelle dessen steht im geistlichen Leben die Firmung, durch die der Hl. Geist zu Starksein gegeben wird (Lk 24,49). 3. Durch die Ernährung, wodurch im Menschen das Leben und die Kraft erhalten wird. An Stelle dessen steht im geistlichen Leben die Eucharistie (Joh 6,54) für das ewige Leben. – Das würde dem Menschen genügen, wenn er körperlich und geistlich ein leidensunfähiges Leben hätte. Weil er aber zuweilen krank wird, sowohl im körperlichen Lebne wie auch durch die Sünde im geistlichen Leben, so braucht der Mensch notwendig eine Heilbehandlung. Diese ist zweifach: 4. Eine, durch welche die Gesundheit wiederhergestellt wir. An Stelle dieser haben wir im geistlichen Leben die Buße (Ps 41,5). 5. Eine andere, die frühe Kraft wiederherstellt durch die richtige Nahrung und Übung. An Stelle dieser haben wir im geistlichen Leben die Letzte Ölung, welche die Reste der Sünde wegräumt und den Menschen bereitmacht für die Endherrlichkeit (Jak 5,15). – In seiner Beziehung zur Gemeinschaft aber wird der Mensch in zweifacher vervollkommnet: 6. Einmal dadurch, dass er die Gewalt empfängt, eine Vielheit von Menschen zu leiten und öffentliche Handlungen auszuüben. Dem entspricht im übernatürlichen Leben das Sakrament der Weihe (Hebr 7,27). – 7. Dann hinsichtlich der natürlichen Fortpflanzung: Die geschieht durch die Ehe sowohl im körperlichen wie im geistlichen Leben, was darum nicht nur ein Sakrament, sondern auch ein Dienst der Natur ist (Eph 5,25). – Dadurch erhellt auch die Zahl der Sakramente, sofern sie gegen den Schaden der Sünde gerichtet sind: So wendet sich die Taufe gegen das Fehlen des geistlichen Lebens; die Firmung gegen die Schwachheit der Seele; die Eucharistie gegen die Unbeständigkeit gegenüber der Sünde; die Buße gegen die nach der Taufe begangenen persönliche Sünden; die Letzte Ölung gegen die Überbleibsel der Sünde; die noch nicht hinreichend durch die Buße getilgt sind; die Priesterweihe gegen die Auflösung des Volkes; die Ehe als Heilmittel gegen die persönliche Begierlichkeit und gegen das Dahinschwinden des Volkes infolge der Todesfälle. – Manche leiten die Zahl der Sakramente aus der Anpassung an die Tugenden und an die Schäden der Schuld- und Strafübel ab. Sie sagen, dem Glauben entspreche die Taufe, der Hoffnung entspreche die Letzte Ölung, der Liebe entspreche die Eucharistie, der Klugheit entspreche die Weihe, der Gerechtigkeit entspreche die Buße, der Mäßigkeit entspreche die Ehe, dem Starkmut die Firmung". (S. Th. III q 65 a 1)

4. Die Siebenzahl der Sakramente wurde vor der Reformation nicht angezweifelt und durch den **Praescriptionsbeweis** (Tertullian: De preascriptione, c. 28,3: *Quod a multis unum invenitur, non est erratum, se traditum*: CCHr 1,209) bestärkt. Schon die Gruppen die sich im 5. Jhd. von der Kirche trennten (Kopten, Syrer, Armenier, Nestorianer und Monophysiten) lehrten die sieben Sakramente. Ebenso sie Ostkirche, was vom Patriarchen PHOTIUS (†869) festgehalten wurden.

c. Ordnung der Sakramente

1. Seit den Sentenzen des PETRUS LOMBARDUS (†1160), der ersten abendländischen Dogmatik, werden die Sakramente in der Reihenfolge: Taufe, Firmung, Eucharistie, Buße, Krankenölung, Weih und Ehe (IV d. 2 c 1) aufgeführt. Die ersten fünf werden als die Sakramente für den Einzelnen, die letzten als die sozialen Sakramente bezeichnet. Unter den ersten fünf werden die ersten drei (Taufe, Firmung, Eucharistie) als Sakramente des Lebens, die nächsten zwei (Buße, Krankenölung) als Sakramente gegen die Sünde genannt.

2. Allgemein wird angenommen, dass die Sakramente auf die Eucharistie hin geordnet sind, in welcher nicht nur die Gnade Christi, sondern Christus selbst zugegen ist.

3. Sakramente sind heilsnotwendig, was durch den Grundsatz *sacramenta proper homines* ausdrückt wird. Nach THOMAS sind die Sakramente mit ihren materiell-körperlichen Elementen zum Heil des Menschen notwendig (*necessaria*, S. Th. III q 61 a 1), weil nur dadurch der Mensch von der materiellen Welt wieder befreit werden könne, welcher er sich durch die Sünde unterworfen hat. Ferner kann der Mensch durch die Sakramente seinen Glauben an Christus, den menschgewordenen Gottessohn und Erlöser, bekennen.

4. Die Frage, ob alle Sakramente für den einzelnen Christen heilsnotwendig sind, wird von verschiedenen Theologen verschieden beantwortet. Laut THOMAS ist die Taufe für jeden Menschen, die Buße für den Sünder und die Priesterweihe für die Kirche unbedingt notwendig. Die anderen Sakramente seien nur insoweit notwendig, inwieweit sie helfen, das Heil leichter zu erwerben (S. Th. III q 65 a 4).

6. Spender und Empfänger der Sakramente

a. Spender der Sakramente

1. Da die Sakramente in der Kirche gespendet werden und somit eine soziale Wirklichkeit darstellen, so werden sie Menschen durch Menschen vermittelt. Dennoch ist der **primäre Spender** des Sakramentes **Gott** und das Sakrament, welches vom Vater ausgeht und durch Christus im Hl. Geist stattfindet, ein **trinitäres Geschehen**.[28]

2. Der **sekundäre Spender** ist der **Minister** Christi, welcher im Raum dieser sichtbaren Welt den alleinigen Spender darstellt. Innerhalb der katholischen Kirche dürfen, außer der Taufe, die übrigen Sakramente nur von einem ordinierten Minister, d.h. von einem Priester oder einem Bischof gespendet werden.

   a. Bei dem Spender und dem Empfänger des Sakramentes muss es sich um zwei verschiedene Personen handeln. Demnach ist die „Selbstkommunion" des Priesters ist als die Vollendung des Opfers anzusehen, welches er für und mit der Kirche feiert.

   b. Nicht jeder Christ oder Minister kann alle Sakramente spenden. Die Taufe kann jeder Mensch spenden. Die Ehe spenden sich die Eheleute gegenseitig, jedoch nur *facie ecclesiae*, d.h. in der Kirche mit Christus als dem primären Spender. Die Firmung und die Priesterweihe darf nur von einem Bischof gespendet werden.

   c. Zur gültigen Spendung der Sakramente muss ihr Spender die **Fähigkeit** (durch die Weihe) und die **Vollmacht** (durch Sendung) besitzen, welche von Christus ausgeht und in der Kirche verwirklicht wird.

   i. Die Gültigkeit des Sakraments ist nicht von der Rechtgläubigkeit des Spenders abhängig.

---

[28] Nach AUER, S. 95-106.

ii. Die Gültigkeit des Sakraments ist nicht vom Gnadenstand des Spenders abhängig.

„Wenn einer sagt, ein Spender des Sakramentes, der im Stand der Todsünde lebt, aber alles Wesentliche, das zu Spendung und Vollbringung des Sakramentes nötig ist, erfüllt, vollbringe und spende das Sakrament nicht, der sei ausgeschlossen". (D 855 – DS 1612; vgl. NR 517)

„Wenn die Sonnenstrahlen bei ihrem Hindurchgang durch ekelhaften Schmutz nicht befleckt werden, so wird noch viel weniger die in den Sakramenten wirkende Kraft Gottes durch die Unwürdigkeit des Spenders beeinträchtigt". (D 169-DS 356).

d. Allerdings muss, bei der Spendung des Sakraments, beim Spender eine personale Intention vorliegen „das zu tun, was die Kirche tut" (*intetio faciendi, quod facit ecclesia*).

e. Die würdige Spendung des Sakramentes verlangt, dass der Spender:

   i. im Gnadenstand sei,

   ii. dass er pflichtbewusst, von Amts wegen und aus Liebe vollziehe, wozu er Auftrag und Sendung und Weihe empfangen hat (vgl. D 917 – DS 1764),

   iii. dass er das Sakrament auch verweigere, wo er es nicht spenden darf und nicht durch Simulation sich dieser Pflicht entziehe (DS 1179 – DS 2129).

b. Empfänger der Sakramente

1. Der Empfänger der Sakramente ist ein lebender Mensch (*in statu viatoris*). Daher sind Verstorbene und Tiere vom Empfang der Sakramente ausgeschlossen.[29]

2. Da die Sakramente *ex opere operato* wirken, sind die Erfordernisse, welche dem Empfänger des Sakraments gestellt werden recht minimal. Dabei ist es notwendig, zwischen einem <u>gültigen</u> und einem <u>würdigen</u> Sakramentsempfang zu unterscheiden. Denn bei einer fehlenden Disposition des Empfängers, also bei einem gültigen aber nicht

---

[29] Nach AUER, S. 106-111.

würdigen Sakramentsempfang, kann sich bei dem Empfänger die volle sakramentale Gnade nicht entfalten. Ein freiwilliger *obex* (Hindernis) und fehlender Gnadenstand machen den Sakramentsempfang zwar gültig, doch unwürdig, wobei die Worte 1 Kor 11, 27-31 und Gal 6,7 unbedingt zu beachten sind.

    a. Die objektive Rechtgläubigkeit des Empfängers ist für die Gütigkeit des Sakramentsempfanges nicht gefordert. Daher wird, innerhalb der katholischen Kirche die trinitarische Taufe, Ehe und laut manchen Theologen auch die Buße, welche in anderen Kirchen gespendet wurden, anerkannt, weil man davon ausgeht, dass diese Sakramente, obgleich unvollkommen auf die katholische Kirche hin gespendet worden sind, welche über die sakramentale Fülle verfügt.

    b. Das Fehlen der nötigen Disposition (des Gnadenstandes oder der *attritio* – unvollkommene Reue) macht den Sakramentsempfang nicht ungültig, sondern unwürdig.

    c. Ein Sakrament kann nicht nur durch Vollzug, sondern aus *ex voto* (aus dem Begehren) wirksam empfangen werden. Daher hat die Kirche seit jeher die Begierdetaufe und die sündentilgende Reue anerkannt, falls ein regulärer Sakramentsempfang unmöglich war.

3. Ein gültig empfangenes Sakrament kann unfruchtbar bleiben, wenn die notwendige Disposition fehlt oder eine der Wirkung des Sakramentes entgegenstehende Disposition (*obex*) im Empfänger vorhanden ist. Wird dieses Hindernis (*obex*) seitens des Empfängers aufgehoben, so tritt die, bis dahin verhinderte, sakramentale Gnade ein. Die Theologie spricht in diesem Zusammenhang von einem Wiederaufleben der Sakramente (*reviviscentia sacramentorum*).

4. Für die Rechtfertigung und Begnadigung als Frucht des Sakramentes muss für den gültigen Empfang des Sakramentes eine positive Intention verlangt werden.

5. Für die Würdigkeit des Empfanges bedarf es bei den Sakramenten der Lebendigen des Gnadenstandes, bei Sakramenten der Toten der Reue (wenigstens *attritio*).

7. Sakramentalien

1. Die Sakramente, welche ein Geschenk Christi sind, finden ihre Fortsetzung in den Sakramentalien.[30] Zu den Sakramentalien zählen:

    a. Deprekativisch („Wir bitten Dich...") und imperativisch („Geh..., fahre fort..) gestaltete Beschwörungsgebete (Exorzismen),

    b. Bittgebete (Litaneien) und Segenswünsche (Benediktionen)

    c. Konstitutive Weihungen (Konsekrationen).

2. Sie bilden ein bedeutsames Stück des „Kultes der Kirche" und dienen der Verherrlichung Gottes in dieser Welt. Sie wollen, gleichsam in Verlängerung der Sakramente, die ganze irdische Welt in den Dienst Gottes stellen.

    a. Sie sind von der Kirche, nicht von Christus, als Zeichen ihres Glaubens und ihrer Liebe zu den Menschen eingesetzt (D 856, 843 – DS 1613, 1583).

    b. Im Gegensatz zu den Sakramenten, wirken sie *ex opere operantis*. So wirkt in ihnen nicht das äußere Zeichen die Gnade, sondern der Glaube der Kirche, d.h. der Glaube des Spenders und des Empfängers. Somit müssen die Sakramentalien, um wirken zu können, im Gnadenstand empfangen werden.

    c. Zur Sichtbarkeit des Sakramentales als eines Zeichens trägt die gesamte Gemeinschaft der Kirche bei, an deren Gebet und Gnadenschatz derjenige Anteil gewinnt, welcher das Zeichen (z.B. gesegnetes Kreuz oder Medaille) gebraucht.

---

[30] Nach AUER, S. 111-122; vgl. COURTH, S. 72-74.

8. Protestantische Sicht der Sakramente

1. Die unterschiedliche Sicht der Sakramente und des sakramentalen Geschehens ist auf die Hauptunterschiede zwischen Protestantismus und Katholizismus zurückzuführen.

2. Die protestantische Sakramentenlehre geht von einer anderen Sicht der menschlichen Natur aus, welche sich stark von der katholischen Sicht abweicht. Auf dieser Sicht der menschlichen Natur fußt eine andere Rechtfertigunglehre, welche, neben den verschiedenen Heilsbedingungen für den Einzelnen, eine andere Sicht der Kirche und ihrer Wirkungsweise beinhaltet.

3. So ist davon auszugehen, dass im Falle, dass ein katholischer und ein protestantischer Theologe dasselbe Wort „Sakrament" verwenden, sie ganz unterschiedliche Wirklichkeiten damit meinen.

a. Fundamente der protestantischen Sakramentenlehre

i. Anthropologie

1. Der Hauptunterschied zwischen dem katholischen und protestantischen Verständnis der Sakramente beruht auf der verschiedenen Auffassung von der Erbsünde und ihrer Auswirkungen auf die menschliche Natur.[31]

2. Nach der katholischen Auffassung ist die menschlichen Natur von der Erbsünde geschwächt, aber durchaus, im eingeschränkten Rahmen, zum Guten fähig. Daher sind die guten Werke oder die Verwendung der „natürlichen Vernunft" eines Menschen, der nicht im Gnadenstand lebt gut und heilsam, wenn auch nicht heilbringend. Da also die menschliche Natur zwar von der Erbsünde geschwächt, aber nicht gänzlich verdorben ist, sind Sakramente sinnvoll und notwendig, weil sie etwas, an sich, Gutes, d.h. die menschliche Natur, besser machen können.

---

[31] Vgl. AUER, *Die Welt – Gottes Schöpfung*, in: KkD, Bd. VI, Regensburg: Pustet 1983², S. 532-556.

3. Nach der protestantischen Auffassung[32] ist die menschliche Natur „völlig von der Erbsünde verdorben",[33] einer Sünde, welche dem Menschen „den freien Willen raubt"[34] und welcher daher konsequent „an seinen eigenen Kräften verzweifeln" muss.[35]

4. Aufgrund ihrer Verdorbenheit ist die menschliche Natur zu keiner Gnadenvermittlung oder Gnadenaufnahme fähig, welche, nach der katholischen Auffassung, auch durch die von Menschen gewirkten und empfangenen Sakramente erfolgt. Daher kann die reformierte Sicht des Heils als weniger „inkarniert" bezeichnet werden, weil die Gnade als an nichts Materielles gebunden gesehen wird, während im Katholizismus, materielle vermittelbare Sakramente als eine Art „fortwirkende Menschwerdung" gesehen werden.

ii. Rechtfertigungslehre

1. Unter der Rechtfertigung versteht man die Befreiung des Menschen von den Sünden und seine innere Erneuerung. Die Rechtfertigung geht von Gott, durch Jesus Christus, aus und wird vom Hl. Geist gewirkt. Der Mensch erfährt sie aus Gnade durch den Glauben.[36]

2. Mit der Lehre von der Rechtfertigung, also der Wiederherstellung der Heiligkeit des Menschen und der Vergebung oder die Tilgung der Sünden, hängen die Themenbereiche Gnade, Erbsünde, Konsequenzen der Sünde, Gerechtigkeit Gottes zusammen, welche im Nachfolgenden nur verkürzt dargestellt werden können.

3. Es ist sicherlich die Meinung zulässig, dass die Sicht der Sünde innerhalb eines theologischen Systems seine natürliche und gnadenhafte Anthropologie prägt. Denn je mehr die theologische Sicht von der Schwere der Erbsünde oder der Sünden geprägt ist, desto weniger Fähigkeiten oder Möglichkeiten zum Gut-Sein werden dem Menschen zugeschrieben und desto mehr muss, konsequenterweise, die göttliche Gnade „das Nötige tun", um das Heil des Menschen zu bewirken. Sollte das Heil ausschließlich der Gnade zu verdanken sein, so stellt sich die Frage, inwieweit der Mensch tatsächlich frei ist sich der

---

[32] BEINERT Wolfgang (Hrsg.), *Lexikon der katholischen Dogmatik*, Freiburg i. Br. 1987, S. 123.
[33] Confessio Augustana (1539) 2, In: *Die Bekenntnisschriften der evangelisch-lutherischen Kirche* (BSLK) 44-137, Göttingen 1986[10].
[34] LUTHER Martin, *Kritische Gesamtausgabe*, 60 Bde. (=WA), Weimar 1832-1982, 18, 635.670
[35] LUTHER, WA 43, 178f; vgl. WA 1,183.
[36] BEINERT, S. 434.

göttlichen Gnade zu öffnen oder zu verweigern, sowie die Frage, inwieweit er mit der Gnade mitarbeiten kann.

4. Im späten Mittelalter wurde von manchen Theologen, wenn auch nicht vom Lehramt der Kirche, die absolute Allmacht Gottes dermaßen betont (Ockham, Nominalismus), dass behauptet wurde, dass Gott zu nichts dem Menschen gegenüber verpflichtet sei. Gott, welcher absolut frei und allmächtig ist, müsse demnach den Menschen gar nicht rechtfertigen, auch wenn der letztere alle Gebote Gottes befolgt. Diese Ansichten lernte auch der junge Luther kennen und wurde von ihnen nachhaltig beeinflusst.

5. Nach Luther ist die menschliche Natur dermaßen von der Erbsünde geschädigt, dass niemand vor Gott behaupten kann gerecht zu sein und es nur einen einzige Gerechten gibt: Christus. Aus Erbarmen schenkt Gott den Menschen die Gerechtigkeit Christi, weil nur er Gerechtigkeit erlangte. Der Mensch hat demzufolge keine eigene, personale Gerechtigkeit, sondern nimmt nur an der Gerechtigkeit Christi teil, welche ihm zugesprochen wird (*fides apprehensiva*). Da es keine eigene Gerechtigkeit und kein Gerecht-Machen seitens Gottes gibt, so gibt es keine eigentliche personale Sündenvergebung. Die Sünden des Menschen werden gleichsam zugedeckt, nicht gelöscht. Die Sünden werden ihm nicht angerechnet, was nicht heißt, dass sie tatsächlich getilgt werden. In Bezug auf die Sündenvergebung hält den Menschen Gott im Ungewissen. Da Gott allmächtig ist, müssen wir all seine Handlungen, auch wenn sie uns unlogisch oder schlecht erscheinen, als gut erkennen. Es bleibt uns nur zu glauben, dass es „gut gehen wird", d.h. dass wir wirklich gerechtfertigt sind und zu Gott gelangen können. Diese Glaubenshaltung nennt Luther *fiducia*. Weil die vollendete Gerechtigkeit des Menschen noch aussteht, bleibt er gerecht und Sünder zugleich (*simul iustus et peccator*: WA 2,496 f.)[37]

6. Die katholische Kirche betonte im Konzil von Trient, VI. Sitzung (DS 1520-1583) gegenüber Luthers Lehre, dass der Mensch tatsächlich gerechtfertigt wird und seine Sünden getilgt werden. Ihm wird, durch den Glauben an Christus, die personale Rechtfertigung zuteil und obwohl niemand mit Sicherheit behaupten kann, ober erlöst oder verdammt sein wird, so können wir mit gutem Gewissen und Glauben (*fides*) hoffen.

---

[37] Nach BEINERT, S. 435; MÜLLER Gerhard Ludwig, *Katholische Dogmatik. Für Studium und Praxis der Theologie*, Freiburg i. Br: Herder 1995, S. 798-800.

7. Die Sakramente hängen insoweit mit der Rechtfertigung zusammen, dass, nach dem katholischen Glauben, durch sie (Taufe, Buße, Krankenölung) dem Menschen die Rechtfertigung zuteil wird.

8. Obwohl die katholische und die lutherische Kirche zu einem gemeinsamen Konsens über die Rechtfertigungslehre gekommen sind, werden weder die „bisherigen Lehrverurteilungen leicht genommen, noch die eigene kirchliche Vergangenheit desavouriert."[38] Weil die Sakramentenlehre aus der Rechtfertigungslehre folgt, sind die verschiedenen Sichtweisen der Sakramente, wie sie im Katholizismus und Protestantismus auftreten, auf verschiedene theologische Anthropologien zurückzuführen.

iii. Sola fides, sola gratia und *sola Scriptura*

1. Da, laut Luther, die Rechtfertigung durch Christus allein (*solo Christo*) geschieht und dem Einzelnen aufgrund seines persönlichen Glaubens angerechnet wird, so wurden von ihm praktisch alle Wege der Gnadenvermittlung, d.h. die Kirche und ihre Sakramente verworfen. In seiner Programmschrift *De Captivitate Babylonica* 1520, vergleicht er die sieben Sakramente mit der Gefangenschaft Israels, von der es sich freizumachen gilt.

2. Die Rechtfertigung erfolgt, nach Luther, durch das freisprechende Wort Gottes und die vertrauende Annahme im Glauben (*fiducia*).

3. Aus dieser Perspektive sind auch die drei *sola* Luthers verständlich, welcher die Notwendigkeit von *sola fides* (Glauben allein), *sola gratia* (Gnade allein) und *sola scriptura* (Schrift allein) zur Rechtfertigung und Heil behauptete.[39] Wie man sieht, spielen bei dieser Aufzählung die Sakramente keine Rolle.

4. Im katholischen Glaubensverständnis, wird, soweit es möglich ist, von einseitigen Behauptungen abgesehen, sodass es nicht *sola*, sondern *aut ...aut* (sowohl als auch) heißt:

---

[38] *Gemeinesame Erklärung zur Rechtfertigungslehre des Lutherischen Weltbundes und der Katholischen Kirche*, Nr.7 www.vatican.va/roman_curia/pontifical_councils/christuni/
[39] SKOWRONEK Alfons, *Sakrament in der evangelischen Theologie der Gegenwart*, München: 1971, S. 33-41; WENZ Gunther, *Einführung in die evangelische Sakramentenlehre*, Darmstadt: Wiss. Buchgesellschaft 1988, S. 27-72.

    a. Sowohl Glauben als auch gute Werke
    b. Sowohl Gnade als auch menschliche Mitwirkung
    c. Sowohl Schrift als auch Sakramente.

b. Sakramentenlehre Luthers

1. Man kann behaupten, dass für Luther ein Sakrament nur insoweit seine Berechtigung hat, inwieweit es mit der Wortverkündigung zusammen hängt. Man kann sogar sagen, dass für Luther die Schrift, im übertragenen Sinne, „das Ursakrament" ist.[40]

> „Das die Christusgeschichte verkündende, deutende und gegenwärtigsetzende Wort wirkt in gottgewollter Geistmächtigkeit selber das Heil, indem es den Glauben schafft".[41] (Pesch, TRLTh 326)

2. Das Sakrament stellt demnach die Verbindung eines Verheißungswortes mit einem Zeichen dar, welches direkt von Gott eingesetzt wurde.

> „Proprie tamen ea sacramenta vocari visum est, quae annexis signis promissa sunt. Cetera, quia signis alligata non sunt, nuda promissa sunt." (WA 6, 572, 10)

3. Als direkt von Christus eingesetzt, lässt Luther nur zwei Sakramente (Taufe und Eucharistie) gelten.

> „Quo fit, ut, si rigide loqui volumus, tantum duo sunt in ecclesia dei sacramenta, baptismum et panis, cum in his solis et institutum divinitus signum et promissiones remissionis peccatorum videamus". (WA 6, 572, 11)

4. Nach Luther wirkt das Sakrament nicht aus sich aus (*ex opere operato*), sondern seine Wirksamkeit ist vom Glauben des Empfängers abhängig.

> „Inde fit, ut nullus consequatur gratiam, quia absolvitur aut baptizatur aut communicatur aut inungitir, sed credit sic absolvende, baptizando, communicando, inungendo se consequi gratiam. Verum enim est illud vulgatissimum et probatissimum dictum: Non sacramentum, sed fides sacramenti iustificat." (WA 57 [Hebr], 169, 23)

5. Die Sakramente werden nicht nur vom Glauben verursacht, sondern dienen auch dazu diesen zu stärken und zu wecken:

---

[40] Nach AUER, S. 41-43, vgl. COURTH, S. 66-67
[41] PESCH Otto Hermann, Die Theologie der Rechtfertigung bei Martin Luther und Thomas von Aquin, Mainz 1967, S. 326.

„Die Sakramente sind eingesetzt „unseren Glauben dadurch zu erwecken und zu stärken, derhalben sie auch Glauben fordern und dann recht gebraucht werden, so man's im Glauben empfänget und den Glauben dadurch stärket." (CA XIII,2)[42]

6. Diese dialogische Struktur des Sakraments, wonach die göttliche Gnade notwendigerweise auf eine menschliche Antwort treffen muss, um wirken zu können, fußt auf der spätnominalistischen Sicht der Reformatoren, welche eine Art der menschlichen „Partnerschaft mit Gott" annahmen. Es wurde behauptet, dass Gott und Mensch wie zwei gleiche Personen sich dialogisch gegenüberstehen. Auf die Gnade Gottes, im Sinne von Nichtanrechnen oder gnädigem Zudecken der Schuld, antwortet der Mensch mit Glauben. Dieser Glaube bewirkt die Wirkung der Sakramente, welche wiederum den Zuwachs des Glaubens bewirken. Demnach würde der dialogische Glaube des Menschen eine Wirkung in Gott – Aussendung der Gnade, Verheißung und die Wirkung des Sakramentes - verursachen.

7. In der katholischen Sicht wurde immer das Verhältnis Gott-Mensch aus der Perspektive Schöpfer-Geschöpft gesehen, in welcher es von „Ebenbürtigkeit" oder „Gleichwertigkeit" keine Rede sein kann.[43] Daher ist auch, nach der katholischen Auffassung, der Glaube kein konstitutives Element des Sakraments, obzwar er zu einem würdigen, aber nicht gültigen, Sakramentsempfang notwendig ist.

c. Sakramentenlehre Calvins und Zwinglis

1. Ansichten Calvins

1. Calvin hat ist seiner *Institutio christianae religionis* (IV 14,1-26)[44] eine genaue allgemeine Sakramentenlehre ausgearbeitet.[45] Er definiert Sakrament als:

> „[...] ein äußeres Merkzeichen (*symbolum*), mit dem der Herr unserem Gewissen die Verheißungen (*promissiones*) seiner Freundlichkeit gegen uns versiegelt, um der wiederum wir unsere Frömmigkeit gegen ihn sowohl vor seinem und der Engel Angesicht, als auch vor den Menschen bezeugen".

---

[42] In WENZ, *Einführung*, S. 41.
[43] AUER, S. 76.
[44] Nachzulesen unter www.calvin-institutio.de.
[45] COURTH, S. 69-70.

2. Verheißungswort und Zeichen (*symbolum et verbum*) gehören zusammen. Sakramente sind „Bundeszeichen" und ihre Früchte werden den Prädestinierten zugesprochen.

2. Ansichten Zwinglis

1. Von Zwingli werde die Sakramente als reine Erkennungszeichen, nach der Art der Eintritts- und Verpflichtungszeremonien (wie z.B. Fahneneid) gesehen. Durch sie geben die Mensche ihre Zugehörigkeit zur Kirche und ihren Glauben an Jesus Christus zu erkennen.

2. Sie haben eine rechtfertigende Kraft von Gott her und sind höchstens Zeichen der geschehenen Gnade. Von ihnen wird keine Gnade bewirkt, sondern nur bezeugt.[46]

---

[46] SCHNEIDER Theodor (Hrsg.), *Handbuch der Dogmatik,* Bd. 2, Düsseldorf: Patmos 1992, S. 205-206.

Literatur- und Quellenangaben

Hauptquellen

Die BIBEL	Einheitsübersetzung der Heiligen Schrift; Psalmen und Neues Testament, ökumenischer Text, Stuttgart: Kath. Bibelanstalt 1984.
VATIKANUM II	*Kleines Konzilskompendium*, Freiburg i. Br.: Herder 1987.
DENZINGER Heinrich	*Enchiridion Symbolorum, Definitionum et Declarationum der rebus fidei et morum*, Freiburg i. Br.: Herder 1957^{37}.
Denzinger Heinrich – SCHÖNMETZER Adolf	*Enchiridion Symbolorum, Definitionum et Declarationum der rebus fidei et morum*, Freiburg i. Br.: Herder 1964^{32}, 1965^{33}, 1967^{34}.
NEUNER Josef – ROOS Heinrich	*Der Glaube der Kirche in den Urkunden der Lehrverkündigung*, Regensburg: Pustet 1971.

Kirchenväter

EPHRÄM DER SYRER	*De virgine Maria*, In: Corpus Scriptorum Christianorum Orientalium (CSCO), Paris-Louvain 1903f.
IRENÄEUS	*Adversus Haereses*, In: Patrologiae cursus completus. Series Graeca (PG), 161 Bde., Paris 1857-1866.
JOHANNES CHRYSOSTOMUS	*In 2 Cor Homiliae*, In: PG 61.

Kirchenlehrer

PETRUS LOMBARDUS	*Magistri Petri Lombardi Parisiensis episcopi Sententiae in IV libris distinctae*, Grottaferrata Romae: Ed. Collegii S. Bonaventurae Ad. Claras Aquas 1971-81.
ALEXANDER VON HALES	*Magistri Alexandri des Hales Glossa in quatuor libros sententiarum Petri Lombardi, Quaracchi. In librum quartum*, Bibliotheca Franciscana scholastic medii aevi, Bd. 15, Florentiae: Typogr. Collegii S. Bonaventurae, 1957.
THOMAS VON AQUIN	*Summa contra Gentiles*, Darmstadt: Wissenschaftliche Buchgesellschaft 2001-2005
	Summa Theologiae, Paris: Garnier 1872-1877.

Andere

CONFESSIO AUGUSTANA (1539) 2	*Die Bekenntnisschriften der evangelisch-lutherischen Kirche* (BSLK) 44-137, Göttingen 1986^{10}.
LUTHER Martin	*Kritische Gesamtausgabe*, 60 Bde. (=WA), Weimar 1832-1982.
CALVIN Johannes	*Institutio christianae religionis*, unter: www.calvin-institutio.de.
RECHTFERTIGUNG-ERKLÄRUNG	*Gemeinesame Erklärung zur Rechtfertigungslehre des Lutherischen Weltbundes und der Katholischen Kirche*, unter: www.vatican.va/roman_curia/pontifical_councils/christuni/

Literatur

AUER Johann	*Kleine katholische Dogmatik*, Bd. VI: *Das Mysterium der Eucharistie*, Regensburg: Pustet 1980.
BEINERT Wolfgang	*Lexikon der katholischen Dogmatik*, Freiburg i. Br.: Herder 1987.
COURTH Franz	*Die Sakramente. Ein Lehrbuch für Studium und Praxis der Theologie*, Herder: Freiburg 1995.
LUBAC de Henri	*Credo*, Einsiedeln: Johannes 1975.
MÜLLER Gerhard Ludwig	*Katholische Dogmatik. Für Studium und Praxis der Theologie*, Freiburg i. Br: Herder 1995.
PESCH Otto Hermann	*Die Theologie der Rechtfertigung bei Martin Luther und Thomas von Aquin*, Mainz: Mattias-Grünewald-Verlag 1967.
RATZINGER Joseph	*Die sakramentale Begründung christlicher Existenz*, Meitingen: Kyrios 1970³.
SCHNEIDER Theodor	*Handbuch der Dogmatik*, Bd. 2, Düsseldorf: Patmos 1992.
	Zeichen der Nähe Gottes. Grundriss der Sakramententheologie, Mainz: Mattias-Grünewald-Verlag 1984⁴.
SKOWRONEK Alfons	*Sakrament in der evangelischen Theologie der Gegenwart*, München: Schöningh 1971.
VORGRIMLER Herbert	*Sakramententheologie*, Düsseldorf: Patmos 1992³.
WAGNER Harald	*Dogmatik*, Stuttgart: Kohlhammer 2003.
WENZ Gunther	*Einführung in die evangelische Sakramentenlehre*, Darmstadt: Wiss. Buchgesellschaft 1988.

Wörterbücher

PAPE Wilhelm	*Handwörterbuch der griechischen Sprache. Griechisch-deutsches Handwörterbuch*, Bd. 1: A–K, Bd. 2: Λ–Ω, bearbeitet von Max Sengebusch, 3. Auflage, 6. Abdruck, Braunschweig: Vieweg & Sohn, 1914.